Tú y yo

Tengo sentimientos

Angela Leeper

Traducción de Paul Osborn

Heinemann Library
Chicago, Illinois

Customer Service 888-454-2279
Visit our website at www.heinemannlibrary.com

Designed by Mike Hogg (Maverick)
Printed and bound in China by South China Printing Company Limited
Photo research by Janet Lankford Moran

09 08 07 06 05
10 9 8 7 6 5 4 3 2 1

Library of Congress Cataloging-in-Publication Data
A copy of the cataloging-in-publication data for this title is on file with the Library of Congress.
  [I have feelings. Spanish]
  Tengo sentimientos / Angela Leeper
  ISBN 1-4034-6098-1 (HC), ISBN 1-4034-6106-6 (Pbk.)

Acknowledgments
The author and publisher are grateful to the following for permission to reproduce copyright material:
Cover photograph by Ross Whitaker/The Image Bank/Getty Images
p. 4 IT Stock International/Index Stock Imagery; p. 5 Ross Whitaker/The Image Bank/Getty Images; p. 6 Michelle D. Bridwell/PhotoEdit, Inc.; pp. 7, 14 Michael Newman/Photo Edit, Inc.; pp. 8, 17 Warling Studios/Heinemann Library; p. 9 China Tourism Press/The Image Bank/Getty Images; p. 10 David Young-Wolff/Stone/Getty Images; pp. 11, 16 Janet Moran/Heinemann Library; pp. 12, 13 David Young-Wolff/Photo Edit, Inc.; p. 15 Amy Etra/Photo Edit, Inc.; p. 18 Roy Morsch/Corbis; p. 19 Bill Aron/Photo Edit, Inc.; p. 20 Mary Kate Denny/Photo Edit, Inc.; p. 21 Myrleen Ferguson Cate/Photo Edit, Inc.; pp. 22, 23 Jose Luis Pelaez, Inc./Corbis; back cover Warling Studios/Heinemann Library

Every effort has been made to contact copyright holders of any material reproduced in this book.
Any omissions will be rectified in subsequent printings if notice is given to the publisher.

Special thanks to our bilingual advisory panel for their help in the preparation of this book:

Leah Radinsky,
Bilingual Teacher
Inter-American Magnet School
Chicago, IL

Aurora Colón García
Literacy Specialist
Northside Independent School District
San Antonio, TX

Many thanks to the teachers, library media specialists, reading instructors, and educational consultants who have helped develop the Read and Learn brand.

Contenido

¿Tienes sentimientos?

¿A veces te sientes feliz?

¿A veces te sientes triste?

Éstos son tus sentimientos.

Tenemos sentimientos todos los días.

¿Quién tiene sentimientos?

Tus amigos tienen sentimientos.

También tienen sentimientos
tus padres.

Tus compañeros de clase
tienen sentimientos.

Todos tenemos sentimientos.

¿Qué significa sentirse feliz?

Puedes sentirte feliz cuando tienes éxito en la escuela.

Puedes sentirte feliz al jugar con un amigo.

Te sientes feliz al celebrar
tu cumpleaños.

Puede que tu familia grite,
"Feliz cumpleaños!"

¿Qué significa sentirse triste?

Te sientes triste cuando no puedes ir afuera para jugar.

Te sientes triste cuando tienes una herida.

Te sientes triste cuando un amigo se muda a otro lugar.

Te sientes triste al decirle, "Adiós".

¿Qué significa sentirse enojado?

Te sientes enojado si no consigues lo que quieres.

Te sientes enojado cuando pierdes un partido.

Te sientes enojado cuando un amigo no comparte contigo.

Te sientes enojado cuando un amigo no es honesto contigo.

¿Qué significa tener miedo?

Tienes miedo cuando todo está oscuro.

Tienes miedo cuando estás solo.

Tienes miedo en un lugar
desconocido.

Tienes miedo el primer día de clases.

¿Cómo se ven tus sentimientos?

Cuando te sientes feliz, puedes sonreír.

Cuando estás triste o tienes miedo, se te pueden salir algunas lágrimas.

También puedes fruncir el ceño.

¿Cómo se escuchan tus sentimientos?

Cuando te sientes feliz, te puede dar risa.

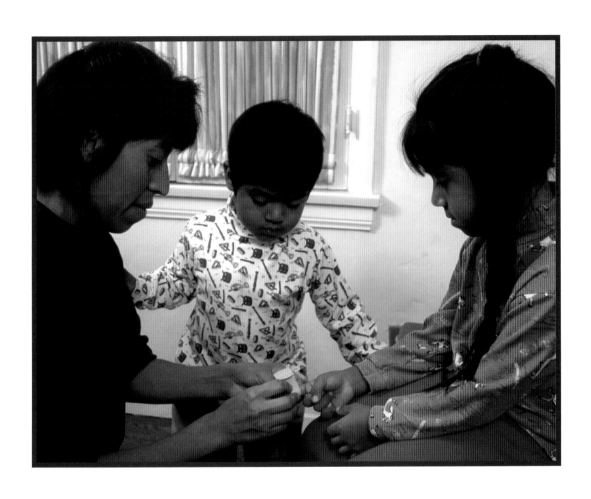

Cuando estás triste o tienes miedo, podrías llorar.

Algunas personas se quedan calladas cuando están tristes.

¿Qué haces para que otra persona se sienta mejor?

Si tu amigo se siente triste, puedes hablar con él.

Hablar sobre tus sentimientos te hace sentir mejor.

Si tus padres se sienten tristes,
puedes darles un abrazo.

También puedes decirles,
"Te quiero".

Prueba

¿Cómo se siente esta niña?

Respuesta a la prueba

Esta niña se siente feliz.

Nota a padres y maestros

Leer para buscar información es un aspecto importante del desarrollo de la lectoescritura. El aprendizaje empieza con una pregunta. Si usted alienta a los niños a hacerse preguntas sobre el mundo que los rodea, los ayudará a verse como investigadores. Cada capítulo de este libro empieza con una pregunta. Lean la pregunta juntos, miren las fotos y traten de contestar la pregunta. Después, lean y comprueben si sus predicciones son correctas. Piensen en otras preguntas sobre el tema y comenten dónde pueden buscar las respuestas.

Índice